Os Doze Mandamentos da Auto-Publicação Independente

Joan Pont

Os Doze Mandamentos da Auto-Publicação Independente

© Joan Pont Galmés [2021 Traduzido para o português por Joan Pont Galmés

Todos os direitos mundiais reservados.

pontailor2000.wixsite.com/jpjohnson

email: pontailor2000@gmail.com

Para Cristian

Caro leitor, este livro é uma continuação de "SIM, EU QUERO. SIM, EU POSSO. Como escrever seu primeiro livro e publicá-lo em linha", mas ele pode ser lido independentemente sem nenhum problema.

A idéia deste livro surgiu de minha experiência no Twitter (#12mandamentosdaautopublicaçãoindependente) e no Facebook.

Na primeira dessas redes sociais conheci muitos autores que haviam escrito apenas um livro, ou alguns deles, e estavam dedicando todas as suas ilusões e esforços para promovê-los em um lugar totalmente errado: uma rede social de escritores. Ninguém vai comprar ou ler seu livro em uma rede social formada por pessoas cujo objetivo principal é fazer com que outros (você) leiam e comprem seus livros.

Na segunda plataforma, Facebook, encontrei escritores fazendo perguntas como: "Diga-me aos editores para onde posso enviar meu livro" ou "Ajude-me a obter inspiração para escrever".

Como um escritor que já visitou a maior parte do submundo da auto-publicação indie, estas cenas me deixaram muito triste.

As mídias sociais são uma obrigação, mas não para encontrar inspiração ou para vender seu livro a outros escritores.

Dedicar toda a ilusão e esforço a uma única obra quando, graças ao amplo acesso à auto-publicação, milhares de livros são publicados todos os dias, levará, na maioria das vezes, a uma imensa desilusão e talvez até ao abandono da escrita.

Este livro pretende ser o guia definitivo para acompanhá-lo em sua vida literária. 12 regras de ouro para ter sucesso na auto-publicação e superar momentos de incerteza e desânimo. E também para lidar com o sucesso.

Aqui vamos nós.

Joan Pont.

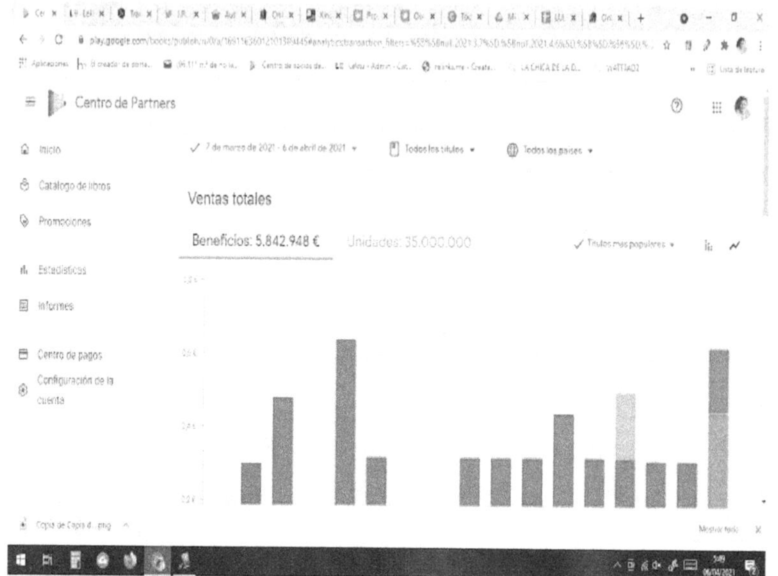

1º MANDAMENTO - VOCÊ NÃO É E NÃO SERÁ UM GRANDE ESCRITOR. MANTENHA SUAS ESPERANÇAS ALTAS E SUAS EXPECTATIVAS BAIXAS. O VALOR DAS RECOMPENSAS AUMENTARÁ EXPONENCIALMENTE DE VALOR DESTA FORMA.

Você não é e não será um grande escritor? Esta é a maneira correta de começar um livro que afirma ser um guia definitivo? Eu acho que sim.

Basta pensar em algo que muitas celebridades dizem depois de sentir a dor da ascensão meteórica e depois a queda: "Gostaria que alguém tivesse colocado minha cabeça de volta nos meus ombros".

Esta frase é muito representativa do que significa um ego demasiado elevado para alguém que começa a distribuir sua primeira obra literária.

A estréia, a euforia da publicação e das apresentações e... depois de um tempo, o esquecimento.

Na realidade, há 99,999999% de chances de que ninguém jamais leia o que você escreveu, exceto sua família e amigos.

Desapontado?

Não seja. Você tem este livro.

A pior coisa que pode acontecer com você é que ninguém lhe diz a verdade e você apressar sua ilusão até o limite, até que ela desapareça. Para evitar isto:

MANTENHA SUAS EXPECTATIVAS BAIXAS.

ESCREVA PORQUE VOCÊ GOSTA.

PUBLICAR PORQUE VOCÊ GOSTA, NÃO PARA VENDER.

A escrita, a publicação, é um compêndio de ilusão e trabalho em partes iguais. A primeira não deve exceder a segunda. Se, como é normal, seu primeiro trabalho não se destacar dos demais, você deve seguir em frente e deixá-lo para trás. Mais tarde você pode retomá-lo, revisá-lo ou não... talvez seja um trabalho muito promissor e a única coisa que aconteceu foi que o turbilhão o eclipsou, e o volume e a qualidade de seus próximos livros o resgatam e o trazem de volta à vida.

O exemplo mais marcante disso é Dan Brown, o autor de O Código Da Vinci.

Dan Brown publicou três romances antes de seu sucesso mundial, todos os quais passaram despercebidos nas prateleiras das livrarias.

A Fortaleza Digital (1998)

A Conspiração (2001)

Anjos e Demônios (2000)

Não foi até 2003 que ele quebrou o mercado com O Código Da Vinci e, sem surpresa, seus trabalhos anteriores também ressurgiram.

Dan Brown não parou depois de A Fortaleza Digital e continuou com seu trabalho, apesar da falta de sucesso de vendas. Ele acreditava em si mesmo, mas era um realista e suas expectativas não eram tão altas que deixasse que a decepção do baixo impacto de seus primeiros livros o impedisse.

Este é o caminho certo a ser seguido.

O que você tem que ser claro é que **SER ESCRITOR NÃO É ESCRITAR UM LIVRO, É VIVER PARA ESCRITAR.**

É claro que você pode ficar lá, em seu primeiro livro, mas não finja se chamar de escritor.

É uma atriz ou um ator aquele que trabalhou em apenas um filme?

Ela ou ele o definirá as si mesmo como ator ou atriz, mas outros não o farão.

Se você ler este livro é porque quer ser escritor, então vamos nos dedicar a ele de corpo e alma, mas também com inteligência, porque nosso trabalho é feito para ser exposto ao público e para ser lido, e **SE NINGUÉM O ENCONTRAR, NINGUÉM O LERÁ.**

Pouco a pouco, sem parar e com um trabalho diário, vamos publicar obras. No momento em que você escreve a palavra FIN você pode começar a converter seu arquivo Word para o formato epub e pdf e carregá-lo para as plataformas de publicação. Em algumas horas, seu livro recém terminado estará disponível para compra em centenas de livrarias on-line em todo o mundo.

Isso não é Walhalla?

Se for, vamos montar uma loja lá.

Neste livro não vou detalhar o processo de conversão epub e criação da capa, pois já foi explicado em profundidade no primeiro volume "Como escrever seu primeiro livro e publicá-lo em linha".

Mencionarei apenas os programas mais utilizados para converter seu documento em Word (.doc) e epub, CALIBRE e SIGIL. Ambos são gratuitos.

Para coberturas o mais útil é o CANVA, com muitos modelos disponíveis gratuitamente.

Você já deve ter notado que todos os recursos que descrevo neste livro são gratuitos. Um dos mandamentos da auto-publicação indie é: **NÃO PAGAR PARA**

PUBLICAR, e isso inclui software. Mais tarde, vamos desenvolver isso.

DICA: Se, como estou prestes a recomendar, você publicar em mais de uma plataforma, pode descobrir que algumas delas não suportam arquivos epub criados pela Calibre. Se isso acontecer, tente outra plataforma. Alguns deles não são tão seletivos para aceitar epubs e apenas avisam sobre erros, mesmo que eles permitam que você continue o processo. Uma vez que você tenha terminado de publicar nesta plataforma, baixe o epub já criado para o seu PC (a maioria permite isso, pois você pode precisar abri-lo para revisão). Esta epub, já aceita por uma plataforma, é geralmente aceita pelas outras, mesmo as mais "especiais".

É uma maneira de evitar a perda de tempo decifrando o código HTML usado pelos programas de formatação epub.

Um exemplo prático: você quer carregar uma epub do Calibre para o Google Play Books, mas o programa deles continua a lhe dar erros. Em vez de tentar corrigi-lo corrigindo erros HTML no Calibre, algo muito complicado, deixe-o e carregue o arquivo para Kobo,

Draft2Digital, Lektu ou Lulu, entre outros. Haverá sempre um deles que apoiará sua epub. Quando isto acontece, então você baixa o epub da plataforma que o suportou e, muito provavelmente, este arquivo já será suportado pelo Google Play Books ou por outra plataforma que o rejeitou.

Vamos para o segundo mandamento:

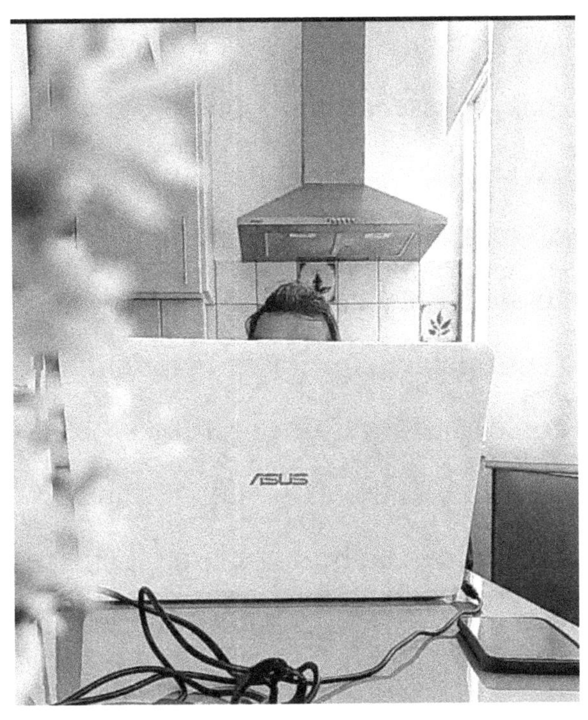

2º MANDAMENTO - ESCREVER TODOS OS DIAS. SE A INSPIRAÇÃO CHEGAR, QUE ELA O ENCONTRE TRABALHANDO.

Este é o mandamento que deve ser pendurado na parede em frente a sua mesa em letras gigantes.

TRABALHAR TODOS OS DIAS.
SEM EXCEPÇÃO.

Neste ponto, depois de mais de vinte obras publicadas e sessenta obras publicadas, entre traduções e compilações, posso assegurar que o escritor não nasce como tal, mas que se faz a si mesmo.

Isto significa que a capacidade de moldar uma obra de arte com palavras e frases é aprendida com a prática, assim como pintar ou dirigir filmes. Todas as artes são aperfeiçoadas através de trabalho árduo e experimentação, embora, claro, sempre haverá um componente genético que pode conferir mais ou menos criatividade, mas, se existir, esta qualidade inata não terá nenhuma utilidade sem um treinamento adequado nas técnicas para trazê-la à tona e oferecê-la a outros.

Assim, escrever "de vez em quando", uma vez por semana, ou em momentos de lazer, é inútil.

Você tem que encontrar uma rotina de escrita, uma hora do dia em que você pode trabalhar por uma ou duas horas sem interrupção.

É difícil, eu sei. Em um contexto em que você ainda não está tendo nenhum lucro financeiro com seus livros, você precisa "arrancar" duas horas de seu dia-a-dia estruturado no trabalho, na família e na diversão, e isso é complicado.

Mas isso pode ser feito.

Um exemplo pessoal: quando comecei a escrever, eu estava trabalhando e tinha uma criança de dois anos. Por mais que eu tentasse, durante o dia era impossível encontrar um momento de concentração para escrever algumas páginas, e à noite eu estava tão cansado que meus olhos fechavam após as primeiras linhas.

No final, encontrei uma solução: levantar cedo, antes de minha esposa e meu filho, e dedicar esse tempo, entre cinco e sete da manhã, à literatura. A vantagem de trabalhar nesse espaço de tempo é aumentada pelo fato de não haver remorso de consciência por "desperdiçar tempo escrevendo". Entre cinco e sete da manhã você não pode fazer mais nada além de dormir, assistir TV, ler ou se dedicar à literatura.

Apesar da fadiga, minha rotina era diária e constante... E eu consegui.

Terminei meu primeiro trabalho, A Vingança da Terra, e entendi que havia encontrado o método que funcionava melhor para mim e que continuo a colocar em prática todos os dias.

Agora, além das manhãs, eu também trabalho à tarde, todos os dias sem exceção, mas agora posso dedicar mais tempo a ela porque ela se tornou minha profissão.

Com meu próprio exemplo, quero que você saiba que, embora você possa pensar que é impossível encontrar um padrão de escrita diária em sua vida ocupada, isso pode ser alcançado e, em pouco tempo, se tornará uma rotina que lhe trará grande satisfação.

3º MANDAMENTO - LEIA TODOS OS DIA. SOMENTE ATRAVÉS DA LEITURA VOCÊ PODE APRENDER A ESCREVER.

Repito muitas vezes a recomendação do mestre Stephen King: Escreva quatro horas por dia. Leia quatro horas por dia.

É tão importante ler todos os dias quanto escrever todos os dias.

Ao ler você aprende ortografia e gramática, técnica literária e, acima de tudo, o ritmo e a estrutura certos para um romance. Em resumo, você aprende o que não deve fazer, o que não gosta e o que não gostaria que seus leitores lessem.

Idealmente, quando você começa a escrever, você já deveria ter lido muito, especialmente os clássicos. Assim que você começar a publicar, é melhor ficar de olho no que há de novo no mercado para saber o que o público gosta naquele momento e tentar se adaptar a ele. Você conhece o velho axioma das escolas de administração: "Se algo funciona bem, imite-o".

E aí reside o eterno debate sobre se é conveniente ler enquanto se escreve.

Eu afirmo categoricamente que sim.

As objeções daqueles que pensam que não é bom vêm de expressões como "o que você lê influencia a maneira como você escreve" ou "você adota o estilo do autor que você está lendo".

Claro, o que há de errado com isso?

Todos os criadores têm algum tipo de influência, reconhecida ou não. Em resumo, nós somos o que lemos.

O compêndio de nossas leituras, juntamente com as experiências de nossas vidas, formarão nossa identidade como escritores.

Encontrei influências claras em autores estabelecidos, como Murakami, em um dos quais descobri uma clara inspiração em "O Apanhador no Centeio", de J. Salinger.

No mundo da moda é onde os exemplos mais claros de inspiração dos modelos anteriores podem ser encontrados. No meu caso, comprei um casaco em uma loja chamada New Yorker e, depois de um tempo, descobri que em um dos meus filmes favoritos da minha infância que eu queria ver novamente, "Jogos de Guerra", com o ator Mathew Broderick, um dos protagonistas militares no início do filme estava vestindo um modelo idêntico do meu casaco! Ou seria melhor dizer que eu estava usando um modelo idêntico ao do filme, porque era claro que ele tinha sido reeditado.

Com este exemplo, quero deixar claro que não é uma coisa ruim para os escritores ler e tomar influências de outros autores ou outras correntes literárias, desde que não os influenciem tanto, a ponto de anular sua criatividade.

E não é ruim ler enquanto se escreve. Em momentos de bloqueio ou desânimo, ler, ver o trabalho de outras pessoas, lhe dará o impulso que você precisa.

Outro exemplo: um autor tem uma grande idéia para um romance, mas na página cinqüenta de repente não sabe como continuar. Neste caso, ler uma grande obra como a TI de Stephen King ou Os Pilares da Terra de Ken Follet o ajudará a perceber que você tem que continuar a todo custo, que suas cinqüenta páginas em comparação com as dozecentas de uma dessas obras não são nada e que, certamente, seus autores também poderiam sofrer um bloqueio na página cinqüenta, mas continuaram escrevendo.

CONTINUAR...
CONTINUAR LENDO...
CONTINUAR ESCREVENDO.
É O NOSSO TRABALHO.

eBOOKS

Crear nuevo eBook

▾ J. P. JOHNSON

18 a la venta

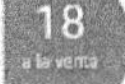     

EL QUINTO ORIGEN 1 Stonehenge

EL QUINTO ORIGEN II...

EL QUINTO ORIGEN III. Un Dios inexperto.

EL QUINTO ORIGEN IV. El sueño de...

EL QUINTO ORIGEN V. Gea

EL QUINTO ORIGEN VI. Gea (II)

EL QUINTO ORIGEN La cuatrilogía

EL QUINTO ORIGEN. La pentalogía

EL QUINTO ORIGEN La Trilogía

LA VENGANZA DE LA TIERRA 2 Abisal

LA VENGANZA DE LA TIERRA 3. PHANTOM

LA VENGANZA DE LA TIERRA 4. Un Mundo...

 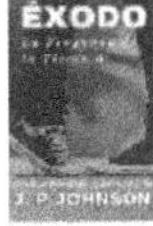    

LA VENGANZA DE LA TIERRA 5 Ultra Neox

LA VENGANZA DE LA TIERRA 6 Éxodo

La Venganza de la Tierra. Cuatrilogía

La Venganza de la Tierra. La trilogía

LA VENGANZA DE LA TIERRA Mare Nostrum

La Venganza de la Tierra. Pentalogía

▾ JOAN PONT GALMES

18 a la venta

7 en proceso

Ajuda, Meu Filho Quer Ser Um Youtuber!

Dicas essenciais para prosperar...

Ein Haustier Für Tom

El Diablo sobre la isla

El Diablo sobre la isla II. Venganza

El Diablo sobre la isla III. Perros de guerra.

El Diablo sobre la isla. La Trilogía

Hilfe, Mein Kind Will Ein Youtuber...

JA, ICH WILL JA, ICH KANN Wie Sie Ihr...

JA, JEG VIL JA, JEG KAN Sådan skriver du din...

Oui, Je Veux Oui, Je Peux Comment...

Sim, eu quero. Sim, eu posso. Como escrever.

  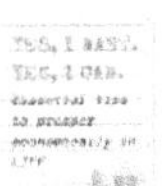  

SI, VOGLIO. SI, POSSO Come scrivere il tuo...

Sì, Quiero. Sí, Puedo. Consejos...

Sí, quiero. Sí, puedo Como escribir tu...

Yes, I want. Yes, I can. Essential tips to prosper...

Yes, I Want. Yes, I Can. How to Write Your...

¡Socorro, Mi Hij@ Quiere Ser Youtuber!

4º MANDAMENTO - O MERCADO SE MOVE RAPIDAMENTE. PUBLICAR MUITO FREQÜENTEMENTE. SE NÃO, VOCÊ SERÁ ESQUECIDO RAPIDAMENTE.

Como escritor independente, eu defendo fervorosamente este tipo de publicação, de fato:

SEM A PUBLICAÇÃO INDIE EU NÃO SERIA UM ESCRITOR.

Quando alguém começa nesta profissão, normalmente encontra dois tipos de obstáculos ao virar da esquina:

1- Abutres necrófagos: há uma série de pessoas que, buscando lucros fáceis, encontram nas ilusões dos novos escritores uma fonte inesgotável de vítimas. Elas são as editoras que oferecem serviços de auto-edição, layout, revisão e marketing. Note que eles usam a palavra "auto-edição". Então, se você é um autor auto-publicado, por que você precisa deles? Eu mesmo paguei pela primeira capa do meu romance La Venganza de la Tierra (desde então e até agora publiquei 60 outras obras em várias línguas e sempre criei as capas eu mesmo), e entrei em contato com uma editora que me pediu 600 euros para publicar e corrigir meu manuscrito.

A única coisa que estes abutres conseguem é aumentar ainda mais suas expectativas e, no final, e sem obter nenhum resultado, você se afunda no desânimo absoluto enquanto contempla as cem cópias em papel que eles o forçaram a comprar na mesa de sua sala de estar.

2- Grandes editoras: Esta é outra das armadilhas cheias de estacas funji que ficam à espera de novos escritores. No fundo dessas armadilhas escavadas no solo da selva literária você encontrará na Internet pesquisas de agentes literários que aceitam manuscritos, as recomendações sobre como fazer uma carta de apresentação para enviar aos editores e as centenas de e-mails escritos perguntando como você pode enviar-lhes seu manuscrito. E para completar, navegando nos sites dos editores em busca do cobiçado link para enviar seu manuscrito em formato .doc, para que você não tenha que imprimi-lo em papel com o conseqüente custo de postagem, você encontra a temida frase "nenhum manuscrito é aceito".

Você caiu na armadilha e, antes de poder sair, perdeu um tempo precioso e irrecuperável.

CONFESSO: EU TAMBÉM JÁ O FIZ.

É um processo pelo qual você tem que passar para perceber que suas ilusões não são nada no mundo editorial clássico.

A busca por editores que aceitem seu manuscrito é geralmente o passo antes de descobrir a auto-publicação: **A WALHALLA.**

Mas um belo dia você descobre que há uma maneira de contornar a armadilha envenenada que se abre no chão da selva sem nenhum esforço: simplesmente cortando uma árvore para que ela caia em cima de você e andando sobre o tronco.

Há perigos nos lados, é claro. Você verá as obras de escritores famosos com as impressões de suas editoras no topo das tabelas de vendas e você se perguntará: eu estaria melhor se eu procurasse uma editora?

Não, há um engano em tudo isso, uma ilusão criada para alimentar o negócio sem fim. Os editores pagam para estar no topo e, uma vez que chegam ao topo, o sistema se alimenta de volta. É um sistema muito bem estudado que, sim, não entre em pânico, **VOCÊ PODE TAMBÉM ACESSO.**

Mas, como sempre, existem dificuldades: acontece que o tronco a ser atravessado é um pouco escorregadio.

A desvantagem número um é que, como você, centenas de autores descobrem a mesma coisa todos os dias: as alegrias da publicação indie. Como eu disse antes, milhares de autores carregam seus trabalhos em plataformas todos os dias. Uma das causas é o efeito da pandemia, as pessoas têm tido mais tempo livre devido aos confinamentos e muitos se dedicaram à produção de obras literárias.

Estes novos autores carregam seus livros em plataformas de auto-publicação, que são empresas, não ONGs. A maioria deles, extasiados com seu primeiro trabalho publicado, encomendam cópias em papel de suas próprias obras, vítimas da síndrome "Leia meu livro", para tentar colocá-los com amigos e familiares ou vendê-los eles mesmos.

Esse é o negócio de plataformas como Amazon, Lulu.com ou Draft2Digital, não a venda de livros em si.

Mas, enquanto isso, esta avalanche de novos títulos cai sobre suas obras e acaba afundando-as no abismo.

Como podemos ficar a flutuar, ficar perto da superfície para que eles possam nos ver?

PUBLICANDO MUITO. INUNDANDO O MERCADO.

Se você publicar com muita freqüência usando meu método, você poderá lançar uma obra pelo menos a cada dois meses. Com perseverança e trabalho duro você publicará ao longo dos anos e seu catálogo crescerá, portanto, quanto mais obras você tiver, mais provavelmente algumas se destacarão da multidão e subirão ao topo das tabelas.

Pode ser desanimador no início, porque os primeiros trabalhos que você publicar provavelmente afundarão sem falha após alguns dias.

Veja os números na imagem a seguir:

58 % 7:30

amazon.com/El-di 6

Simultaneous device usage: Unlimited
Text-to-Speech: Enabled
Enhanced typesetting: Enabled
Word Wise: Not Enabled
Print length: 238 pages
Lending: Not Enabled

Amazon.com Sales Rank #3,566,796 in Kindle Store (See Top 100 in Kindle Store)

#3,523 in Action & Adventure in Spanish

#5,828 in Mysteries & Thrillers in Spanish

#13,219 in Crime Action Fiction (Kindle Store)

About the author

Follow the author to get new release updates and improved recommendations.

O livro ilustrado foi classificado em 3.566.796º lugar após seis meses de publicação. Literalmente afundado na Fossa Mariana.

A maioria dos autores publicará apenas um livro e, quando virem os números na imagem acima, desistirão de vez, **MAS NÃO VOCÊ.**

VOCÊ CONTINUARÁ A ESCREVER E PUBLICAR A UMA TAXA DE UM LIVRO A CADA DOIS MESES.

Este método é descrito no primeiro livro da série "SIM, EU QUERO". SIM, EU POSSO. Como escrever seu primeiro livro e publicá-lo em linha", e não vou detalhá-lo exaustivamente neste, mas, grosso modo, trata-se de aumentar sua velocidade de escrita e publicação para adaptá-lo às características atuais do mercado e não ser absorvido e fagocitado pelo enorme volume de novidades que aparecem todos os dias.

Para fazer isso, você escreverá diariamente e, antes de começar o dia seguinte, você revisará o dia anterior para deixá-lo revisado, sem ter que gastar tempo novamente quando terminar o trabalho.

NÃO REVISAREMOS OS TRABALHOS UMA VEZ TERMINADOS. NÓS O FAZEMOS À MEDIDA QUE AVANÇAMOS.

ASSIM QUE UMA OBRA É CONCLUÍDA, ELA É PUBLICADA E COMEÇAMOS COM A PRÓXIMA.

Este é um comentário que alguém fez no twitter depois de um dos meus posts sobre este tópico:

"Você é esquecido rapidamente se o que você publica não é revisado, é uma trama ruim, caracteres planos, etc... A escrita é uma arte e leva tempo. Prefiro escrever um bom do que dez ruins".

Este argumento será perfeitamente válido para muitos, e eles estão no seu pleno direito de pensar assim, mas em uma situação de fácil acesso à publicação e muito tempo livre devido à pandemia não é o mais aconselhável.

Primeiro, porque ninguém pode garantir que sua intenção de "escrever um bom livro" jamais será cumprida. E se isso acontecer, se você conseguir criar algo realmente bom, alguém terá que lê-lo, avaliá-lo e divulgá-lo para que ele chegue ao topo dos gráficos.

UM LIVRO QUE NÃO ESTÁ ENTRE OS 100 MAIS VENDIDOS EM UMA CATEGORIA IMPORTANTE NÃO EXISTE.

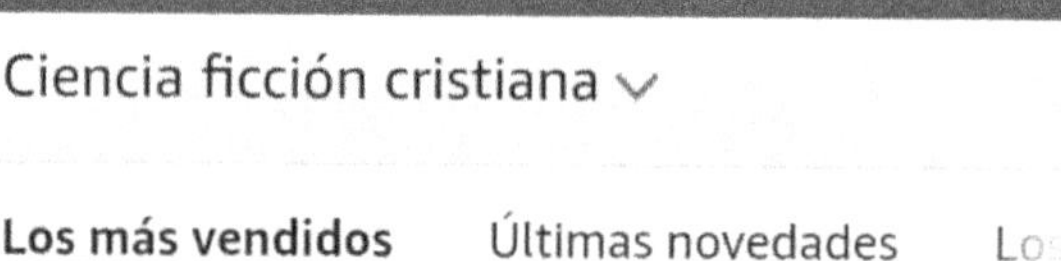

La sangre de los inocentes
(Julia Navarro)
1.045
€10⁴⁰

EL QUINTO ORIGEN 1:
Stonehenge
10
€0⁸⁹

El Presagio
223
€10¹⁹

Este é um dos meus livros, El Quinto Origen, em #2 na categoria de Ficção Científica Cristã da Amazon.

Com isto quero dar-lhe uma dica muito importante a respeito das categorias nas quais você deve etiquetar seus livros. Vejamos a sinopse do número 1, La Sangre de los Inocentes, da excelente autora Julia Navarro. A sinopse de seu livro diz: "Uma aventura vertiginosa que nos leva a lugares como Jerusalém, Granada, Roma ou Istambul, e que explora as causas do fanatismo religioso e da intolerância ao longo dos séculos".

Você acha que este é um livro adequado para a categoria de Ficção da Ciência Cristã? Eu não tenho, e você? Bem, o meu também não é. El Quinto Origen não é ficção científica nem fala de cristianismo, mas ambos estão nesta categoria porque seus autores, eu mesmo, no meu caso, e a editora ou editora de Julia Navarro, a colocaram lá.

O truque é o seguinte.

ESQUECER AS CATEGORIAS GERAIS DA AMAZON E O RESTO DAS PLATAFORMAS.

Meu livro El Quinto Origen tem muito mais probabilidade de passar despercebido na categoria Ficção Geral do que na categoria Ficção da Ciência Cristã, porque nesta última há muito menos publicações e há menos movimento, portanto, com algumas compras pode facilmente chegar aos vinte primeiros e ficar lá por um tempo.

NAS CATEGORIAS MARGINAIS VOCÊ TEM QUE ESTAR ENTRE AS VINTE PRIMEIRAS, QUE É O QUE VOCÊ VÊ EM UMA TELA MÓVEL.

Atualmente muitas pessoas compram ebooks com seu smartphone. Ao procurar livros para ler, os compradores gastarão no máximo duas telas antes de decidir, portanto, se eles não estiverem por perto, não o verão.

Não hesite em fazer nada para tentar se colocar nestas duas telas iniciais. Peça a amigos ou familiares que comprem seus livros para que você possa ficar lá? Sim, por que não? Há toda uma guerra em curso para ocupar esses primeiros postos e eu lhes asseguro que os editores estão lutando com as melhores armas. É claro que você terá menos meios para fazê-lo, mas se você observa e vê constantemente que, após alguns dias sem vendas, seu livro já caiu para a 25ª posição, uma única compra pode fazer com que ele "ressuscite" e volte para o topo.

As revisões também são importantes nestes casos, mas a fim de escalar o

MAS O MAIS IMPORTANTE PARA SUBIR NAS LISTAS É A VENDA.

Os algoritmos sempre priorizam as vendas antes de tudo, porque como já dissemos, as plataformas não são ONGs, mas se as vendas estão ligadas a revisões, isso aumenta seu valor.

Se seu livro não tiver resenhas, não hesite em pedir por elas a amigos ou familiares. Nossa tática será adotar uma política de preços baixos (mais sobre isso depois), portanto, se um leitor pagou menos de $1 por seu livro, é improvável que ele faça o esforço de escrever uma resenha, mesmo que tenha adorado). Use seus amigos para obter pelo menos 10 resenhas para seu livro. É muito melhor se as críticas vierem da compra do livro, porque então elas aparecem como uma "compra verificada".

Use todo o seu potencial nesta área. É legal? Se levarmos em conta que a Amazon, por exemplo, é um negócio, e que seus amigos e família estão comprando seus livros, a Amazon ficará bastante satisfeita com isso. Asseguro-lhes que autores de grandes editoras com milhares de resenhas sobre seus livros estão atentos para garantir que o fluxo não pare, e se parar, eles usam seus "truques". Todos as têm.

Existem outros métodos que você pode usar: por exemplo, a Amazon e muitas outras plataformas vendem cartões-presente que você pode recarregar com uma certa quantia de dinheiro. Alguns autores usam suas redes sociais para dar seus livros de tempos em tempos, embora não seja realmente um presente.

O autor compra um cartão presente para seu livro na Amazon e envia o código para o vencedor do prêmio. Essa pessoa tem que ir à Amazon e comprar o livro com o cartão presente, então o autor consegue uma ou muitas vendas, dependendo de quanto dinheiro é investido na promoção, e seu livro sobe nas listas de best-sellers.

Quanto às despesas, o autor na verdade não gasta muito dinheiro, porque quando o vencedor do prêmio compra o livro com o cartão presente, a Amazon paga royalties ao autor, então o autor recebe de volta uma parte do dinheiro que investiu no cartão presente.

Este é um método muito eficaz e também aproxima os escritores de seus leitores nas mídias sociais, pois disfarça uma promoção como um presente.

É verdade que há sempre a possibilidade de que o vencedor do prêmio use o cartão presente para comprar algo mais na Amazon e não compre seu livro, mas isso não costuma acontecer.

5º MANDAMENTO - NÃO GASTE MUITO TEMPO REVISANDO SEU TRABALHO. ENQUANTO VOCÊ ESTÁ REVISANDO, MILHÕES ESTÃO SENDO PUBLICADOS. NINGUÉM ESTÁ LHE PEDINDO PARA SER KEN FOLLET.

Já fiz um esboço sobre isto no capítulo anterior, mas decidi dedicar-lhe todo um mandamento porque é um tema muito importante que pode influenciar decisivamente a projeção de sua carreira como escritor.

É verdade que, no início, nossos livros estarão cheios de erros:

1- Erros de estrutura (que não há personagens nas primeiras páginas que depois são esquecidos porque não desempenham um papel ou servem ao enredo da história, texto limpo de explicações desnecessárias, estrutura clara e lógica que é pouco visível para o leitor).

2- Erros gramaticais (evitar o uso de palavras complicadas que não melhoram o texto ou o tornam mais fácil de ler, evitar frases redundantes como "voei pelo ar", "subi", etc.).

3- Erros ortográficos (acentos, pontuação).

Estes erros ocorrem, é claro, e você os terá, mas:

TODOS OS ERROS SÃO CORRIGIDOS COM A PRÁTICA.

Alguns, como a ortografia e a gramática, são facilmente identificados com revisores e com a revisão que fazemos no dia seguinte, antes de continuarmos a escrever. Não deixe para trás nenhuma palavra que o corretor ortográfico tenha marcado em vermelho ou azul. Se não estiver no dicionário você pode adicioná-lo e ele não aparecerá mais, ou se não estiver, você pode dizer a ele para ignorá-lo. O importante é deixar um texto corrigido sem erros.

O resto dos erros pode ser superado com a prática, asseguro-lhes. Você terá cada vez menos erros e, se houver algum, você os detectará rapidamente e será capaz de resolvê-los rapidamente.

Para dar um exemplo, vamos pensar em um cozinheiro com várias estrelas Michelin. Esta profissional será capaz de fazer um prato em muito pouco tempo sem nenhum erro, porque ela preparou este prato em muitas ocasiões ou conhece perfeitamente os ingredientes e sabe como eles se comportam e em que quantidades utilizá-los em qualquer tipo de preparação.

Nós, como profissionais da escrita, temos que alcançar essa perfeição. Devemos saber lidar com a psicologia de qualquer personagem, bom, mau, introvertido ou astuto, para elaborar uma personalidade adequada em cada ambiente e cenário.

O método consiste em pensar que, em cada trabalho que você escreve, você está preparando um prato para seu restaurante, e você não pode levar um ano para pensar sobre quais ingredientes ele vai conter e como você vai combiná-los.

O COMENSAL, O LEITOR, ESTÁ ESPERANDO E COM FOME.

Vamos lhe servir um prato rápido e bem preparado, para que você perceba que está nas mãos de um especialista, e não é só a qualidade que conta, mas também a rapidez.

Uma vantagem deste método é que ele é facilmente escalável.

Em todas as plataformas, os leitores têm a opção de dar sua opinião sobre seu trabalho.

Possivelmente, quando você começar a publicar seu trabalho com freqüência, você deixará para trás livros com falhas. É lógico, você está aprendendo. Esses livros não terão muitos leitores no início, portanto, até que você note um aumento nas vendas ou uma opinião do leitor dizendo que ele ou ela encontrou uma falha, não trabalharemos para corrigi-la.

No meu caso, a primeira parcela do El Diablo sobre la Isla tinha algumas falhas estruturais. Talvez, se eu tivesse me dedicado a revisá-la no início, antes de continuar publicando-a, sem ter a experiência e as armas literárias que tenho agora, eu teria sido completamente desencorajado. É difícil criar uma primeira obra literária perfeita, embora algumas pessoas tenham sucesso, é claro.

Em vez disso, publiquei El Diablo sobre la Isla como era e continuei escrevendo e ganhando experiência e conhecimento.

Após um ano escrevi e publiquei a segunda parte de El Diablo sobre la Isla, chamada Venganza, e após alguns meses a terceira parte Perros de Guerra (nesse meio tempo eu havia escrito e publicado parcelas de El Quinto Origen e La Venganza de la Tierra). Fiquei muito feliz com os resultados da segunda e terceira partes de El Diablo sobre la Isla, mas ainda não tinha tido tempo para rever a primeira, nem tinha encontrado opiniões desfavoráveis dos leitores.

Mas, um belo dia, em Goodreads, isto apareceu na aba de El Diablo sobre la Isla:

"Em geral, o romance está bem escrito (é por isso que lhe dei uma estrela), mas a trama é absurda, sem pés nem cabeça. Torna-se muito cansativo ler".

Uau! Estava claro que algo tinha que ser feito. A primeira coisa era agradecer ao leitor por sua revisão, e a segunda era oferecer sua compensação:

"Oi xxx, sou Joan Pont e lhe agradeço profundamente por sua revisão. Sim, a verdade é que a versão que você leu foi a primeira. Agora foi revisado e melhorou a trama e o significado. Para compensá-lo, eu gostaria de lhe dar a trilogia completa. Se você entrar em contato comigo neste e-mail: pontailor2000@gmail.com eu lhe enviarei um link para baixá-lo. Um abraço e obrigado novamente".

Esse comentário foi muito benéfico para mim e ainda sou muito grato ao leitor que o deixou, pois rapidamente comecei a rever a primeira parte e, com a experiência adquirida, em uma semana a atualizei com um resultado, em minha opinião, muito satisfatório.

Com este exemplo queria explicar que, embora possa parecer a muitos que o método de publicar sem revisar várias vezes ou deixar uma obra descansar em uma gaveta durante meses é um ataque contra a literatura, com as novas tendências destes tempos frenéticos no mundo da auto-publicação, é o mais aconselhável e prático para os novos escritores.

6º MANDAMENTO - NÃO PAGAR PARA PUBLICAR OU PROJETAR CAPAS OU ISBN, A MENOS QUE SEJA ESTRITAMENTE NECESSÁRIO.

Eu disse no início que os escritores que começam neste mundo excitante estão rodeados de perigos.

Esses perigos na forma de abutres que perseguem nossa carteira ainda estarão presentes ao longo do caminho, embora com disfarces ligeiramente diferentes.

Se você chegou até aqui, ou se leu "Como escrever seu primeiro livro e publicá-lo em linha", você sabe que para se tornar um escritor freelancer você tem que aprender como criar seus próprios livros eletrônicos e desenhar suas próprias capas.

Quando tudo estiver pronto, carregaremos nossos livros para as plataformas editoriais e... esperaremos.

Vamos esperar... (a repetição é de propósito).

Quanto tempo antes de conseguirmos qualquer venda?

Nós não sabemos.

Este é o painel da minha página KOBO WRITING LIFE uma semana após a publicação de uma grande parte do meu catálogo.

Como você pode ver, dos 44 títulos publicados, nenhum deles é vendido ainda.

Isto pode ser muito desanimador e frustrante, mas, se você tem experiência no mundo da auto-publicação, você não faz um grande negócio com isso.

AS VENDAS VIRÃO, MAIS CEDO OU MAIS TARDE.

Além disso, meu catálogo não é publicado apenas na KOBO, mas em 8 outras plataformas, portanto, se não houver vendas em uma delas, haverá vendas em outras.

Esta falta de vendas também se deve a algo muito específico: a KOBO é uma plataforma que oferece pacotes de pagamento aos autores.

"Trabalhar com um designer de capas".

"Pergunte a um editor profissional".

"Traduza sua epub"

"Registre seus direitos autorais para proteger legalmente seus títulos de forma rápida e fácil".

Esses são alguns de seus serviços para escritores.

Quero enfatizar que isto é perfeitamente legal e lógico. A KOBO é uma empresa que quer ganhar dinheiro, assim como fazemos quando escrevemos livros, queremos ganhar dinheiro vendendo-os.

E é perfeitamente normal que, se você não contratou nenhum serviço, seus trabalhos não sejam expostos nas primeiras páginas após seu lançamento.

Há outra plataforma, chamada BUBOK, onde também publico:

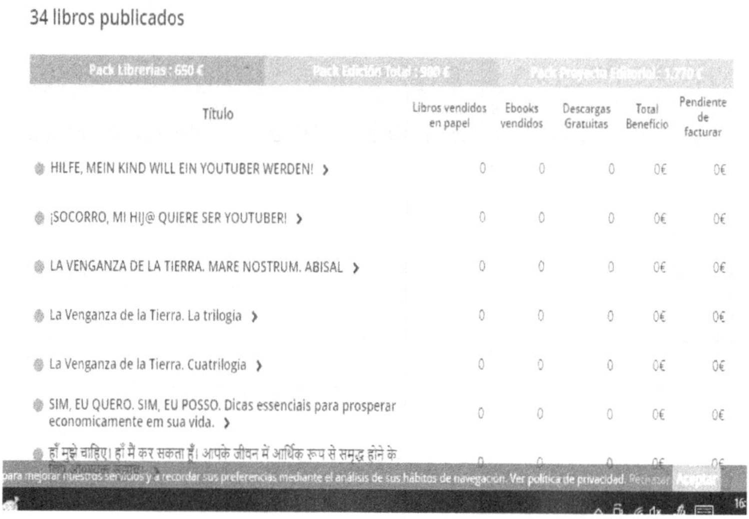

34 libros publicados

Pack Librerías : 650 €	Pack Edición Total : 980 €	Pack Proyecto Editorial : 1.770 €				
Título	Libros vendidos en papel	Ebooks vendidos	Descargas Gratuitas	Total Beneficio	Pendiente de facturar
HILFE, MEIN KIND WILL EIN YOUTUBER WERDEN! ❯	0	0	0	0€	0€
¡SOCORRO, MI HIJ@ QUIERE SER YOUTUBER! ❯	0	0	0	0€	0€
LA VENGANZA DE LA TIERRA. MARE NOSTRUM. ABISAL ❯	0	0	0	0€	0€
La Venganza de la Tierra. La trilogia ❯	0	0	0	0€	0€
La Venganza de la Tierra. Cuatrilogia ❯	0	0	0	0€	0€
SIM, EU QUERO. SIM, EU POSSO. Dicas essenciais para prosperar economicamente em sua vida. ❯	0	0	0	0€	0€
हाँ मुझे चाहिए। हाँ मैं कर सकता हूँ। आपके जीवन में आर्थिक रूप से समृद्ध होने के ❯	0	0	0	0€	0€

para mejorar nuestros servicios y a recordar sus preferencias mediante el análisis de sus hábitos de navegación. Ver política de privacidad. Rechazar Aceptar

Neste caso, a BUBOK oferece:

Pacote de livraria: 650 euros.

Pacote de Edição Total: 980 euros.

Pacote de Projeto Editorial: 1770 euros.

Com estes pacotes, a plataforma lhe oferece revisão, layout e promoção. Tentador, não é?

NÃO. NÃO FUNCIONA PARA NÓS.

Há muitos escritores que o fazem, certamente, embora eu não conheça nenhum (certamente o escritor que pagou 1770 euros por um Pacote de Projetos

Editoriais e, após um ano, após a euforia inicial de vender, ajudado pela plataforma, cem ou duzentas cópias de seu livro, e depois não vender mais nada durante meses, não dirá a ninguém).

Além disso, há um sério inconveniente para aqueles de nós que utilizam este método. Se nossa intenção é inundar o mercado e publicar um livro a cada dois meses, como vamos pagar isso por cada obra publicada?

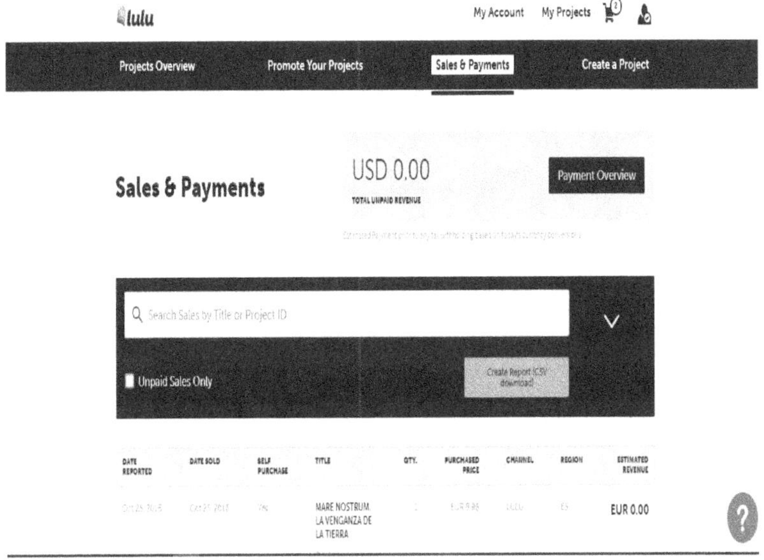

Esta é a plataforma LULU.com. Você verá que o saldo de vendas também está em zero dentro de um mês após o início da publicação.

No caso da LULU.com, a plataforma cobra 4,95 euros por cada ebook que você deseja publicar em seu catálogo internacional, que inclui Amazon, Google Play Books, etc. e, no caso de livros em papel, eles exigem que você peça um exemplar para você mesmo "revisar" para que eles possam incluí-lo em seu catálogo premium.

Neste caso, estamos na mesma situação que as anteriores. Não vamos pagar para publicar a quantidade de livros eletrônicos que queremos lançar a cada dois meses.

Mas, se não o fizermos, será que vamos vender?

Sim, não se preocupe.

MAIS CEDO OU MAIS TARDE, AS VENDAS COMEÇARÃO A CHEGAR.

As plataformas que se oferecem para expandir suas vendas pagando uma taxa (e não o faremos) deixarão seus trabalhos no final das listas no início, de modo que, olhando as imagens acima, os autores considerarão "pagar para vender".

Há outros, como a Amazon, Google Play Books, Apple Books ou Lektu, entre outros, que colocam suas obras entre os novos lançamentos no início, ou pelo menos por algumas horas, porque uma avalanche de novos livros vem atrás de você.

Mas os outros também ganham dinheiro vendendo livros eletrônicos, por isso nossos livros começarão a ser vendidos depois de um tempo.

E se isso não acontecer, você sabe o que fazer para dar-lhes um impulso: peça a seus amigos ou familiares que os comprem e deixem as resenhas para que subam na lista e sejam mais visíveis para o resto dos leitores.

No mandamento está escrito **"A MENOS QUE SEJA ESTRITAMENTE NECESSÁRIO"**. Por quê?

A explicação é a seguinte: existem muitos tipos de escritores, e nem todos seguirão o método de inundação do mercado. Alguns preferirão uma metodologia de publicação diferente, mais lúdica e com mais correções. De qualquer forma está bem, desde que você obtenha resultados satisfatórios.

Se você tem um catálogo muito extenso e ele começa a lhe dar bons resultados, talvez você deva publicar em uma plataforma que oferece uma espécie de taxa fixa, como PUBLISHDRIVE.

O PUBLISHDRIVE é um dos mais caros do mercado. Alguns de seus planos são:

20 dólares por mês para publicar até 6 títulos para 27 distribuidores.

50 dólares por mês para publicar até 25 títulos.

100 dólares por mês para publicar até 48 títulos.

Há também um plano personalizado para 48 títulos ou mais.

Se, em um dado momento, o volume de vendas é alto e o catálogo está crescendo, não é necessariamente uma má opção tentar publicar com uma das plataformas pagas. Se der errado, você pode cancelar as assinaturas mensais e voltar ao plano anterior.

Em muitos casos, eles também se oferecerão para comprar ou organizar um ISBN para você.

NÃO PAGUE POR UM ISBN.

Os livros eletrônicos não precisam de um ISBN. Alguns lhe atribuem seu próprio código ASIN, que identifica um livro publicado em uma determinada plataforma. Por exemplo, meu livro The Devil on the Island. O Trilogy, é atribuído o GGKEY: ZDNR58UGD4K no Google Play Books. Em contraste, na Amazon o livro eletrônico tem o ASIN: B08HGZQJ8Y e o livro físico tem o ASIN: B08HGP1BLX.

Tanto o GGKEY quanto o ASIN, são os identificadores dessas plataformas, ambos gratuitos, portanto você não precisa de nenhum tipo de ISBN ou pagar por ele.

Quanto às capas, veja a capa do El Diablo sobre la isla. La Trilogía.

É bastante bem sucedido e impressionante, não é mesmo?

Bem, é totalmente gratuito e foi feito por mim na aplicação CANVA.

Eu sempre uso CANVA para desenhar minhas capas, e normalmente não me leva mais de duas ou três tentativas. O aplicativo tem um banco de imagens gratuito e pago, mas as imagens gratuitas geralmente são suficientes para criar capas com aparência profissional.

Portanto, uma despesa a menos, e isso é sempre bom para um negócio como o nosso.

7º MANDAMENTO - PUBLICAR NO MÁXIMO DE PLATAFORMAS QUE VOCÊ PUDER. NÃO SEJA LEAL A NINGUÉM. EM TODOS ELES HÁ ALGUÉM COM O PODER DE APAGAR COMPLETAMENTE SEU CATÁLOGO.

Para iniciar este mandamento, vou inserir a imagem de uma enquete que levei na minha conta do Twitter.

J.P. Johnson @J_P_Johnson · 13 abr.

A tenor del hilo #12mandamientosdelaautopublicacionindependiente voy a hacer mi primera encuesta: ¿Publicáis en una sola plataforma o en varias?

Solo Amazon	61,5 %
Amazon y otra más	0 %
Todas las que encuentro	38,5 %

13 votos · Resultados finales

Na enquete, perguntei a meus seguidores se eles publicaram em uma plataforma ou em várias plataformas. A resposta majoritária, 60%, foi "somente Amazon".

Tenho que admitir que o resultado faz todo o sentido. Amazon é o gigante no mundo da livraria, e também inspira confiança entre os escritores que publicam na plataforma.

Eu pensava o mesmo que a maioria das pessoas... até que um dia eu recebi um e-mail como este:

Em Thu, 1 de abril de 2021 às 21:58, Account Review Kindle(status da conta-tipo+5003n00002RlPUgAAN@kdp-support.amazon.com)

escreveu: Olá:

Vamos prosseguir com o encerramento de sua conta com efeito imediato porque temos

detectou que você carregou conteúdo para o qual você não tem os direitos necessários.

Este é o conteúdo que descobrimos estar infringindo:

YES, I WANT. YES, I CAN: How to write your first book and publish it online,

ASIN B08KVMSRPH

Como parte do processo de cancelamento:

- Vamos encerrar sua conta.

- Você não poderá mais receber nenhum royalty pendente.

- Você não poderá mais acessar suas contas. Você não poderá mais editar seus títulos, visualizar

relatórios, ou acessar qualquer outra informação em sua conta.

- Todos os seus títulos publicados serão retirados da venda na Amazon.

Além disso, segundo nossos Termos e Condições, você não poderá mais abrir novas contas no KDP.

novas contas no KDP.

Como você pode entender, eu quase morri de susto. O pior foram estas frases: "Encerraremos sua conta com efeito imediato" e "Todos os seus títulos publicados serão retirados da venda na Amazon".

E assim foi. De repente, minha conta na Amazon, na qual eu havia publicado ao longo dos anos, cerca de 100 livros, foi completamente fechada, desativada.

A empresa em que confiava me expulsou completamente sem nenhuma outra explicação além de um e-mail me avisando que eu não tinha o direito de publicar um de meus próprios livros.

O livro YES, I WANT. YES, I CAN: How to write your first book and publish it online, foi uma tradução autodidata do original espanhol SÍ, QUIERO. SÍ, PUEDO. Cómo escribir tu primer libro y publicarlo online.

Eu traduzo meus próprios livros em inglês, alemão e francês, porque sou fluente nestes idiomas, por isso não consegui entender o que estava acontecendo.

No final, felizmente, após uma semana com minha conta completamente fechada, consegui que alguém da Amazon respondesse aos meus e-mails. Enviei-lhes muitas mensagens com os arquivos originais em formato epub e .doc para provar que eu era o autor do livro espanhol que havia sido traduzido para o inglês e que eu tinha os direitos de publicação mundial da obra.

Após algumas noites sem dormir, a Amazon reativou minha conta, embora todos os livros de bolso tenham ficado desativados e eu tenha tido que passar alguns dias para republicá-los.

Após alguns dias (sim, aquela semana em abril de 2021 foi uma das piores da minha vida como autor indie), outra plataforma onde eu havia publicado todo o meu catálogo, Draft2Digital, me enviou a seguinte mensagem:

Olá,

Uma recente auditoria do arquivo do manuscrito do livro em sua conta intitulado Help, My Child Wants to be a Youtuber! que foi re-enviado e enviado em 29 de março de 2021, revelou que o livro continha imagens protegidas por direitos autorais.

Vejo que em 15 de março de 2021 emiti uma advertência final em relação ao envio de imagens com direitos autorais, observando que qualquer upload adicional contendo imagens com direitos autorais resultaria no encerramento da conta.

Uma vez que outras imagens protegidas por direitos autorais foram enviadas após ter recebido e reconhecido o aviso final anterior, sua conta foi fechada, e todos os livros em sua conta estão sendo removidos dos sites das lojas.

Como sua conta foi encerrada, nossos Termos de Serviço proíbem que você estabeleça uma nova conta, use uma identidade falsa, imite qualquer outra pessoa ou use um nome de usuário ou senha que você não esteja autorizado a usar. A abertura de novas contas após o recebimento desta notificação de rescisão resultará na perda de todos os royalties ganhos nessas contas, de acordo com nossos Termos de Serviço.

Neste caso, Draft2Digital havia me enviado anteriormente outra mensagem avisando que meu livro inglês Help, my child wants to be a youtuber (também traduzido por mim do original espanhol) continha imagens que violavam os direitos autorais.

O livro já havia sido aceito antes na Amazon e no Google Play Books, e a versão espanhola também havia sido aceita e publicada no Draft2Digital, com as mesmas imagens (eram basicamente os logotipos Youtube, Fortnite e Roblox) e eu nunca havia sido avisado de qualquer possível violação de direitos autorais, por isso não prestei atenção à mensagem.

Mas o Draft2Digital não me deu outra chance.

A conta foi completamente cancelada (50 livros publicados) por causa do problema com apenas um dos livros.

Apesar de muitos e-mails, eu nunca recebi Draft2Digital para reativar minha conta. Pelo menos eu recebi os royalties que faltam.

NENHUMA PLATAFORMA DE PUBLICAÇÃO CONSIDERA VOCÊ UM CLIENTE IMPORTANTE.

Devo confessar que, devido ao grande número de livros que eu tinha em meu catálogo, pensei que tinha um certo status dentro dessas duas plataformas.

Se a Amazon e a Draft2Digital são empresas que vendem livros de autores em troca de uma porcentagem de suas vendas, como vão fechar a conta de um escritor que já publicou tantos livros em suas plataformas?

ELES NÃO O CONHECEM. SEUS TRABALHADORES NÃO SABEM QUEM VOCÊ É E NÃO SE IMPORTAM COM VOCÊ.

E a pior parte de tudo isso é:

UM TRABALHADOR QUE VOCÊ NÃO CONHECE, TEM A CAPACIDADE DE DESATIVAR SUA CONTA IMEDIATAMENTE.

É tão cruel, mas é a realidade, embora muitos escritores nunca tenham pensado que isso pudesse acontecer com seus livros.

Sou um otimista, porém, e penso que sempre que algo ruim acontece, um mundo de novas possibilidades se abre.

Graças a isso, aprendi uma coisa muito importante:

NÃO SEJA LEAL A NENHUMA PLATAFORMA.

A Internet é um universo gigantesco e ilimitado.

Qualquer empresa que queira se expandir tenta abrir novos negócios em outros países, não apenas um.

Tomemos o McDonald's, por exemplo.

Qual é a estratégia deles? Preços baixos e lojas em todos os cantos do mundo.

Praticamente todos no planeta sabem o que é o McDonald's, desde uma pessoa no Brasil até uma pessoa no Japão, Espanha ou Austrália.

TAMBÉM VAMOS SEGUIR A ESTRATÉGIA DO MCDONALD'S.

Embora a Internet seja infinita, os seres humanos geralmente estão limitados a uma pequena parte da rede, à "nossa parte da rede". Isso significa que, se alguém quiser comprar um livro eletrônico, o fará em sua plataforma habitual, Amazon, Apple, Google Play Books ou no resto das pequenas livrarias virtuais, há milhares delas, que vendem on-line. Por esta razão, se você estiver em apenas um deles, você vai perder um grande número de leitores potenciais.

É verdade que, por exemplo, a Amazon exige que se você quiser estar em seu programa Kindle Unlimited, onde os leitores pagam uma taxa mensal fixa para ler livros e os autores são cobrados alguns centavos por cada página lida, você não publica em nenhuma outra plataforma.

Esta é uma questão que circula por toda a mídia social: é melhor para mim publicar exclusivamente no Amazon KDP ou não?

Minha resposta é não. E digo isto por experiência e porque nosso método vai se reduzir a preços baixos, e os leitores que pagam uma taxa mensal para ler livros escolherão o topo das listas, os mais caros, geralmente.

Entretanto, a vantagem do sistema é sua flexibilidade. Partimos de uma estratégia básica, mas isto pode mudar de acordo com os resultados. Se um de nossos livros começa a vender muito bem na Amazon, podemos desativá-lo nas outras plataformas, aumentar progressivamente o preço à medida que ele sobe nas listas e inscrevê-lo no programa Unlimited.

Mas se quisermos seguir o método McDonald's, temos que vender nossos livros em **TODAS AS LOJAS DO MUNDO (DA INTERNET).**

Existem mercados, ou países, onde algumas lojas não chegam e outras chegam.

Por exemplo, alguns de meus livros vendem muito bem no Brasil e outros na Índia, mas somente através de uma plataforma, o Google Play Books. Nunca vendi nenhum livro no Brasil ou na Índia através de outras plataformas, o que significa que as outras plataformas não chegam a esses mercados.

Portanto, se nos limitarmos a apenas uma plataforma, perderemos leitores de muitos outros países.

Um exemplo será visto perfeitamente nestas duas imagens:

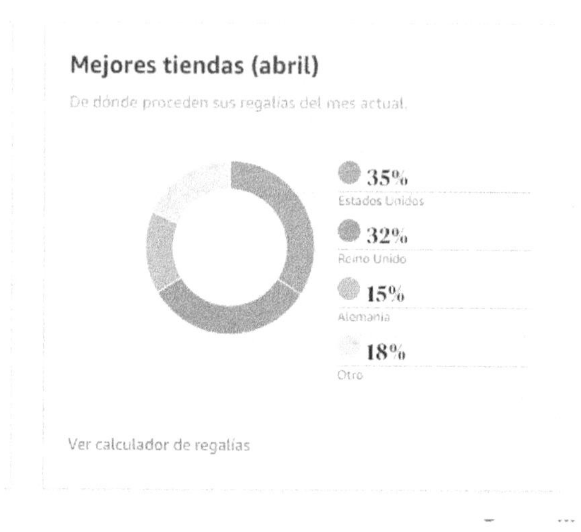

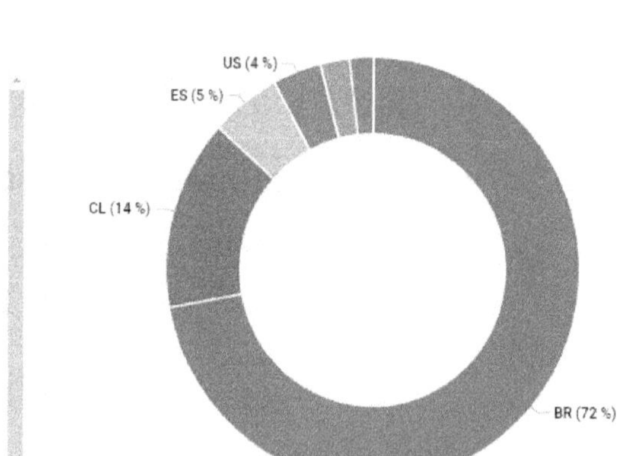

A primeira imagem é da minha conta na Amazon e reflete as vendas para o mês de abril de 2021 por país:

35% Estados Unidos

32% Reino Unido

15% Alemanha

18% Outros.

A segunda imagem é do mesmo período de tempo e pertence à minha conta do Google Play Books:

72 % Brasil

14% Chile

5 % Espanha

4 % Estados Unidos.

Com esta comparação podemos ver que as duas plataformas, nas quais são publicados os mesmos livros, chegam a leitores de países diferentes. A Amazon está mais focada nos leitores americanos e europeus, enquanto o Google Play Books chega aos leitores do continente sul-americano, um mercado muito interessante para qualquer escritor e que atualmente está aumentando seu interesse na compra de e-books.

Assim, ao publicar em ambas as plataformas, atingimos um mercado muito maior.

Finalmente, uma última imagem:

Páginas Países y ciudades (30)

España	Palma	167
España	Valencia	80
España	Barcelona	72
España	Madrid	70
Estados Unidos	desconocida	63
Argentina	Buenos Aires	48
Colombia	Bogotá	46
Chile	Santiago	42
México	Mexico City	42
España	desconocida	36
España	Klow	28
Argentina	Córdoba	23
Perú	Lima	20
España	Alcorcón	18

Neste caso, a estatística pertence à plataforma Lektu, muito mais modesta e local que a Amazon e Google Play Books, mas cujos leitores na Espanha estão no topo da lista.

Assim, ao acrescentar outras pequenas plataformas à nossa rede de vendas, estamos também ganhando acesso a leitores que preferem livrarias on-line mais próximas de nós e que oferecem autores de nosso próprio país, por exemplo.

Em resumo, **PUBLICAREMOS TODAS AS PLATAFORMAS POSSÍVEIS.**

Com esta estratégia evitaremos que um funcionário, cumprindo o regulamento ditado pelo presidente da empresa, elimine completamente nosso catálogo após anos de publicação com eles.

E, por outro lado, estenderemos nossa capacidade de vendas a todo o planeta e assim poderemos ganhar muito mais royalties com a venda de nossos livros.

8º MANDAMENTO - NÃO SE PREOCUPE COM A PIRATARIA. PODE SE TORNAR SEU ALIADO. AQUELES QUE LERAM SUAS OBRAS PIRATAS NÃO VÃO COMPRÁ-LAS. DEIXAR ROWLING E FOLLET SE PREOCUPAREM COM A PIRATARIA.

De vez em quando, no Twitter, um autor lança o alarme: "Encontrei meu livro em um grupo do Facebook onde os membros baixam livros em PDF"!

O autor está muito ansioso, assustado, porque pensa que é o fim de sua carreira como escritor, mas se você olhar atentamente para seu perfil, ele só publicou dois livros e ambos estão no número 5.000 nas listas de best-sellers.

Nestes casos me pergunto: por que alguém se deu ao trabalho de carregar o livro em PDF no Facebook e, na realidade, algum membro desse grupo está baixando o livro?

NÃO SE PREOCUPE COM A PIRATARIA, ELA REALMENTE O BENEFICIA.

O autor que se preocupa com o fato de seu livro ser pirateado pode dormir descansado esta noite.

COM TODA A PROBABILIDADE, NINGUÉM QUE BAIXA SEU LIVRO DE UM SITE PIRATA TEM QUALQUER INTENÇÃO DE COMPRÁ-LO.

Membros de grupos piratas baixam livros porque eles estão lá. Eles provavelmente nunca os lêem, e se o fizerem, CONGRATULAMENTOS! O autor em questão já tem leitores, algo que ela ou ele ainda não conseguiu na Amazon.

Você não precisa se preocupar com a pirataria a menos que seu livro esteja entre os 100 mais vendidos da lista. Nesse caso, deixe que seus advogados façam seu trabalho.

Às vezes até pode ser muito divertido pesquisar os sites ilegais onde seus livros aparecem. Aqui está um exemplo:

Se eu digitar meu nome Joan Pont Galmés, no Google, na 6ª posição dos resultados e entre os resultados da Amazon, Barnesandnoble, Books.apple e Lektu, meus livros aparecem em uma página chamada javieraguacero.org. A página oferece meus livros em PDF e EPUB, quando eu nunca publico meus livros em PDF.

Devo me preocupar? De modo algum, pelo contrário, estou muito feliz que, além dos livros que publico, outros websites os ofereçam a outro tipo de público, mesmo que eu não tenha a intenção de pagá-los.

TAMBÉM TENHO LEITORES NESSE SITE PIRATA, E ISSO ME ENCHE DE ORGULHO.

Faz-me sentir importante que alguém se dê ao trabalho de comprar meu livro em formato epub, convertê-lo para PDF e publicá-lo em seu website.

Muito obrigado. Sou um escritor e meu maior desejo é ser publicado e ser lido, não me importa onde e a que preço.

LEMBRE-SE DE QUE AQUELES QUE LERAM SEUS LIVROS DE UM SITE ILEGAL NÃO TERIAM PAGO POR ELES.

Assim, suas finanças não sofrerão por isso, e o setor também não.

Quando os sites ilegais de download de filmes e músicas começaram a se tornar populares nos anos 90, os porta-vozes da indústria lançaram o alarme. "A indústria cinematográfica e musical vai desaparecer", argumentaram eles. Mas, 30 anos depois, filmes e canções ainda estão sendo produzidos, e as produtoras continuam a fazer fortuna com eles.

É o mesmo com a indústria editorial. Escritores que chegam ao número um dos gráficos ganham muito dinheiro mesmo que seus trabalhos copiados fraudulentamente circulem na Internet. Além disso, muitos leitores não sabem como acessar os sites de download ilegais, que normalmente estão cheios de anúncios e é muito difícil chegar ao arquivo que você está procurando, ou eles não sabem como ler os ebups ilegais em seus tablets Kindle.

9º MANDAMENTO - UTILIZAR INTENSAMENTE AS MÍDIAS SOCIAIS. ELES SÃO A SUA JANELA PARA O MUNDO.

Nunca, até o surgimento do vírus COVID-19 que mudou completamente nosso modo de vida, as redes sociais foram tão importantes para os escritores.

Não há escolha, goste ou não, você **TEM DE MESTRE UMA OU VÁRIAS REDES SOCIAIS.**

Eu disse "UMA OU VÁRIAS", porque as redes requerem muito trabalho e nós somos independentes, e isso geralmente significa que não há um gerente de comunidade para gerenciar adequadamente nossa presença on-line.

As redes mais importantes para um escritor são Twitter, Instagram e Facebook, e outras alternativas são Wattpad e Goodreads.

Mas em todos eles é preciso respeitar uma regra de ouro:

VOCÊ TEM QUE ATUALIZÁ-LOS CONSTANTEMENTE.

Você não pode ter uma rede abandonada. Nunca. A má impressão que você fica quando entra no Facebook, Twitter, Instagram ou blog de um escritor é ver que os últimos posts têm um ano ou mais de idade.

E a segunda regra de ouro é:

REDES NÃO PODEM SER USADAS APENAS PARA TENTAR VENDER SEUS LIVROS.

Seus seguidores querem saber coisas sobre você e você quer criar uma imagem corporativa, que os leitores associem seu nome ou sua imagem de perfil com seus livros. Mas se eles o seguirem em uma rede e seus únicos postos forem COMPRE O MEU LIVRO, COMPRE O MEU LIVRO, COMPRE O MEU LIVRO... eles logo deixarão de segui-lo.

Uma rede social eficaz deve conter uma pequena quantidade de auto-publicidade, ou spam, e você tem que ter certeza de que ela não aparece.

Suas sugestões de livros devem incluir outros conteúdos sobre sua vida diária, reflexões sobre literatura, política ou qualquer coisa relacionada ao que você faz, mas não pedidos diretos para que seus seguidores comprem seus livros.

E o que é mais importante: seguidores.

"FAZER AMIGOS" TEM QUE SER UMA OBRIGAÇÃO DIÁRIA.

Sem amigos, sem seguidores, você não é ninguém nas mídias sociais. O bom disto é que seu número de seguidores se alimenta de si mesmo, o que significa que quanto mais amigos você tiver, mais rápido o número de seguidores espontâneos aumentará.

No início, quando você começa com uma nova rede social, você terá que dar um impulso a suas listas de amigos, seguindo você mesmo pessoas diferentes todos os dias. Além disso, ajuda você a deixar que seus seguidores vejam que você não quer apenas que eles o sigam, mas que você siga os outros também. Na foto está um exemplo do meu perfil no Twitter. Como vocês verão, eu sigo o dobro das pessoas que me seguem. Eu faço isso para que todos possam ver que sou uma pessoa próxima e gosto de interagir e procurar novos amigos.Se alguém vir que você tem muitos amigos, mas segue muito poucos, rapidamente pensará que se responder a um comentário sobre um de seus tweets, você nunca o lerá.

E isto me leva a outra obrigação das redes sociais: você tem que interagir com seus seguidores, comentando seus comentários e deixando likes.

Idealmente, você deveria automatizar estas obrigações. Por exemplo, no meu caso, de manhã, antes de começar a escrever, vou ao Wattpad para atualizar alguns dos meus trabalhos, fazer novos amigos e ler um capítulo do trabalho de outra pessoa para votar; depois vou ao Goodreads, clico como nas opiniões que meus amigos deixaram sobre os livros que eles leram e procuro novos amigos. Finalmente, faço login no Twitter e Facebook e faço a mesma coisa, deixo likes em novos posts e depois procuro mais amigos.

Depois, durante o resto do dia, continuo postando no Twitter e no Facebook, deixo likes nos posts dos outros e, no meio de tudo isso, publico pelo menos um post ou tweet sobre um dos meus livros.

Como você pode ver, as redes sociais levam tempo, embora o que eu faço de manhã, antes de começar a escrever, são tarefas muito rotineiras e não me levam mais de meia hora.

MAS O TRABALHO E O TEMPO DEDICADO ÀS REDES SOCIAIS É ESSENCIAL.

AUTOMATIZÁ-LO DENTRO DE SUAS TAREFAS DIÁRIAS, MELHOR NO INÍCIO DO DIA. É UM COMPLEMENTO NECESSÁRIO PARA O TEMPO QUE VOCÊ DEDICA À ESCRITA.

Mas também é verdade que essas mesmas redes sociais, tão necessárias para nos darmos a conhecer ao mundo exterior e que o acompanham tanto em suas horas solitárias dedicadas à escrita, têm seus aspectos negativos que você tem que conhecer.

A primeira é que quanto mais seguidores você tiver, mais odiadores você atrairá para seu perfil.

Os haters são seguidores, no caso do Twitter, que deixam comentários negativos sobre seu trabalho ou seus tweets sem nenhuma razão em particular, apenas com o único desejo de arruinar sua imagem.

Um escritor com 20.000 seguidores no Twitter receberá cerca de 300 mensagens e menções por dia, e algumas delas serão insultuosas.

O que fazer com os haters?

Há várias estratégias. O silêncio ou a publicidade, e ambos têm seus lados positivos e negativos.

Conheço escritores que postam screenshots das mensagens diretas de seus detratores para "envergonhá-los" em público, e assim recebem tweets de apoio de seguidores reais. É uma boa tática, e também tem a vantagem de fazer com que o escritor se sinta apoiado diante dos ataques.

Um exemplo disso: um escritor recebe uma menção de um tweet sobre ele ou ela. Alguém tweeted: "Eu gosto de sua escrita, mas não como pessoa por causa do que ele me fez. Não vou ler nada por ele novamente".

O escritor, que não sabe a que se refere o "não como pessoa por causa do que ele me fez", decide ir a público, porque este tweet pode facilmente se transformar em um fio e começar a receber novos tweets com coisas mais supostas e obscuras desconhecidas do passado. Então, ele retweetou a mensagem, escrevendo: "Vamos ver se conseguimos descobrir o que eu fiz com ele..." Instantaneamente ele começa a receber dezenas de mensagens de seus fãs com seu apoio incondicional.

Este exemplo é uma maneira perfeita de lidar com a mensagem de um hatter.

O silêncio também pode ser uma boa arma, mas ignorar centenas de mensagens ofensivas por muito tempo pode prejudicar nosso humor.

Você tem que praticar com ambos os métodos e encontrar aquele que seja mais adequado ao seu perfil, mas há uma coisa muito importante:

NUNCA DISCUTA COM UM SEGUIDOR EM PÚBLICO.

Uma discussão ao vivo com um leitor que não gostou de uma de suas obras, por exemplo, pode provocar um ataque simultâneo de uma parte de seus seguidores, e isso causará danos irreparáveis à sua imagem.

No exemplo acima, o escritor não escreveu diretamente ao autor do tweet perguntando "O que eu fiz com você?", mas jogou a pergunta no ar, para todo o seu grupo de 20.000 seguidores, (O que eu fiz com você?), e ele se afastou e deixou os outros discutirem entre si. É uma tática perfeita para resolver um problema sem iniciar uma discussão pessoal que não traria nenhum benefício.

O segundo inconveniente está intimamente relacionado ao primeiro: "você receberá cerca de 300 mensagens por dia".

Isso não o assusta? Você está disposto a verificar suas redes sociais continuamente durante todo o dia?

Sim, isso é o que vem com a fama. Ter mais de 20.000 seguidores no Twitter, por exemplo, e milhares no YouTube, Instagram e Facebook, requer uma dedicação que, muitas vezes durante o dia, o levará a refletir sobre sua situação atual e a se perguntar: Não seria melhor gastar meu tempo digitando em vez de responder a mensagens e clicar em likes?

Não há uma resposta definitiva a isto. A questão é que

VOCÊ PRECISA DAS REDES PARA SER UM AUTOR INDIE.

Você não pode deixá-los de lado e eles exigem que você cuide deles e os mimem, mas por outro lado, ter milhares de seguidores lhe dá um enorme seguimento.

TER MILHARES DE SEGUIDORES LHE DÁ UM GRANDE PODER DE COMUNICAÇÃO.

No início do livro eu lhe disse que o erro que muitos escritores cometem é tentar vender seus livros em redes sociais formadas por escritores que, por sua vez, tentam vender seus livros a outros escritores... (loop).

Este loop é totalmente inútil, e você não alcançará nenhum resultado a menos que... **VOCÊ TENHA MUITO SEGUIDORES.**

O volume é a coisa mais importante nestas redes sociais lotadas. É como uma auto-estrada movimentada.

A única coisa que fará os carros encostarem é um veículo policial ou uma ambulância com suas luzes e sirenes ligadas.

Essa capacidade de amplificar sua voz que vem com grandes volumes de seguidores nas mídias sociais fará com que o spam oculto que você faz vá além da barreira dos escritores que querem vender seu livro para outros e se espalhe pelas redes.

COM GRANDES VOLUMES DE SEGUIDORES, VOCÊ PODERÁ VENDER SEU TRABALHO EM REDES SOCIAIS.

2.647 Siguiendo   **1,4 M** Seguidores

23,3 mil Siguiendo   **23,2 mil** Seguidores

18,5 mil Siguiendo   **24,3 mil** Seguidores

Portanto, conseguir seguidores, amigos e assinantes tem que ser uma de suas tarefas diárias.

10º MANDAMENTO. SEJA REALISTA COM OS PREÇOS DE SEUS LIVROS.

Veja os três livros da imagem acima.

Todos eles estão no formato Kindle, e-book, e estão entre a 40ª e 42ª posições dos best sellers da Amazon.

Mas é aí que terminam as semelhanças.

Veja as diferenças? Os preços, é claro.

A primeira custa 5,65 €, a segunda 0,89 € e a terceira 6,54 €.

No entanto, todos os três estão bem colocados nos gráficos de vendas.

A partir disto, já podemos tirar uma conclusão:

O PREÇO NÃO É IMPORTANTE PARA ESCALAR OS GRÁFICOS DE VENDAS.

PARA OS ALGORITMOS DAS PLATAFORMAS, O QUE IMPORTA SÃO AS VENDAS E AS REVISÕES, NÃO OS PREÇOS DOS LIVROS.

Comecei o mandamento com este tópico porque há um rumor circulando na mente de todos, absolutamente de todos os escritores: livros com preços baratos não são apreciados pelos leitores porque eles acham que são maus.

FALSO.

É suficiente pensar logicamente. Se um leitor pode comprar um livro a 0,89 euros, por que ele ou ela o compraria a 6,54 euros?

Quanto você pagaria pelo mesmo livro, 6,54 euros ou 0,89 euros? É claro que a maioria das pessoas quereria pagar o preço mais barato pelo mesmo produto.

Um escritor que ninguém conhece, que publica seu primeiro livro em formato eletrônico a 4, 5 ou 6 euros não parece querer realmente que alguém o compre e o leia.

Mas isso acontece com muita freqüência porque há este falso rumor que fala à mente dos escritores e lhes diz: "Se o preço de seu livro for 0,99 euros ou menos, ninguém vai comprá-lo".

Outro rumor, de origem desconhecida, diz que é melhor vender um livro por 4 euros do que por 0,99 euros, porque você tem mais lucro.

Em termos contábeis, isso é verdade. Se seus royalties são 70%, você ganhará 2,8 € por cada livro, e se, como na Amazon, ao fixar o preço em 0,99€ você ganha 35% em royalties, você receberá 0,34 €.

Mas e se você vender apenas um livro? Ser um novo autor no mundo da auto-publicação, com uma obra que ninguém leu e que só você acha que é boa, e tentar que alguém pague 4 euros quando por mais 2 euros pode ler um livro que está entre os 100 mais vendidos é algo que beira a ingenuidade.

Se virarmos o caso anterior e pensarmos que o mesmo trabalho, ao preço de 0,99 euros no caso da Amazon, embora outras plataformas, como o Google Play Books permitam baixá-lo ainda mais, pode despertar o interesse de um leitor potencial, atraído por seu baixo preço, as coisas se tornam muito mais lógicas e esperançosas.

Por 10,44 euros, que é o preço de um número número 1 na lista dos mais vendidos da Amazon, um leitor pode comprar e ler 10 livros (no total cerca de 2000 páginas) a 0,99 euros. É verdade que, se você comprar o número 1, você sabe que ele foi revisado por vários revisores e que tem uma qualidade que corresponde ao preço, mas olhe para esta imagem:

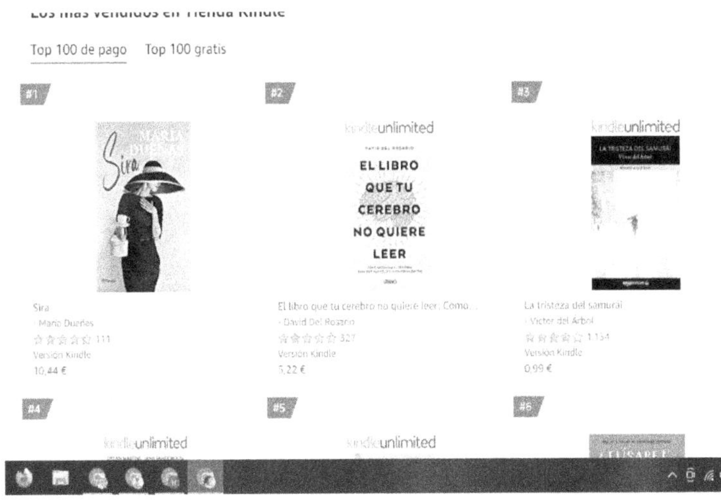

No top 100 da Amazon, vemos 3 preços diferentes: 10,44 euros, 5,22 euros e 0,99 euros. Isso confirma nossa teoria: você pode chegar ao topo com preços baixos.

QUANDO VOCÊ COMEÇAR A PUBLICAR, ESTABELECERÁ OS PREÇOS MAIS BAIXOS POSSÍVEIS PARA SEUS LIVROS.

O que procuramos acima de tudo é tráfego, movimento, visibilidade. Um livro que, devido a uma série de fatores a seu favor, atinge as primeiras posições de uma categoria a um preço inferior a 1 euro atrai a atenção e atrai um grande número de leitores que preferem gastar menos por cada livro e comprar mais. Isto nos posiciona em um nicho de mercado, que era nosso objetivo.

A maioria das plataformas permite apenas um preço mínimo de 0,99 euros, mas outras, como o Google Play Books, permitem um preço muito mais baixo.

Aqui está um exemplo de um livro que tem funcionado muito bem:

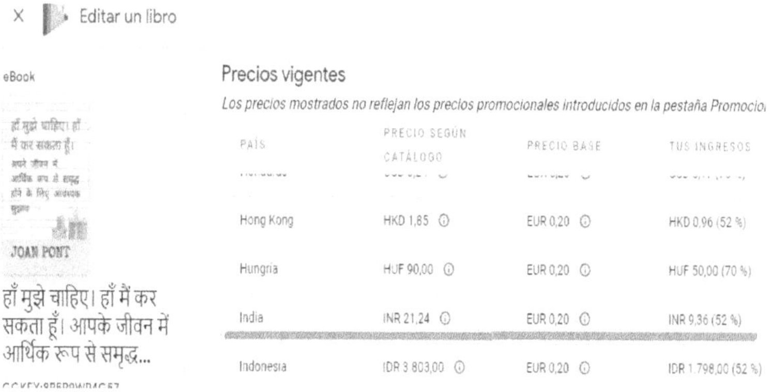
Editar un libro
eBook
Precios vigentes
Los precios mostrados no reflejan los precios promocionales introducidos en la pestaña Promocio
PAÍS
PRECIO SEGÚN CATÁLOGO
PRECIO BASE
TUS INGRESOS
Hong Kong HKD 1,85 EUR 0,20 HKD 0,96 (52 %)
Hungría HUF 90,00 EUR 0,20 HUF 50,00 (70 %)
India INR 21,24 EUR 0,20 INR 9,36 (52 %)
Indonesia IDR 3.803,00 EUR 0,20 IDR 1.798,00 (52 %)
JOAN PONT
हाँ मुझे चाहिए। हाँ मैं कर सकता हूँ। आपके जीवन में आर्थिक रूप से समृद्ध...

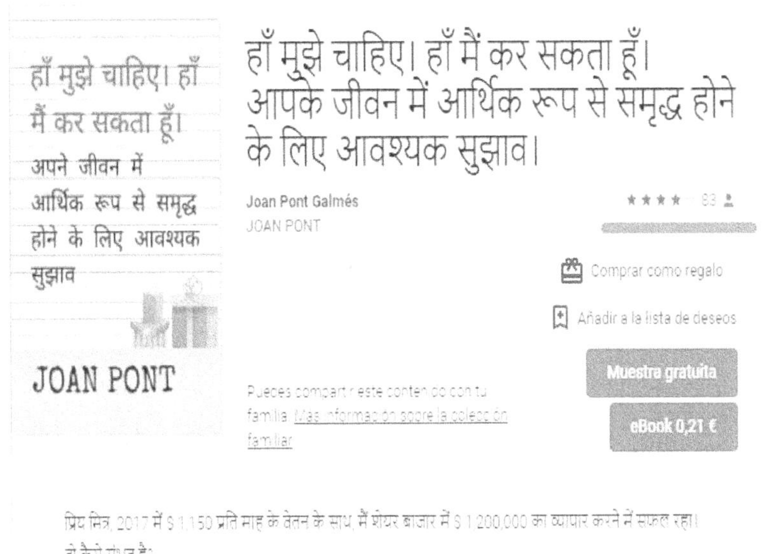

Esta é uma tradução hindi do meu livro "SIM, EU QUERO. SIM, EU POSSO. Dicas essenciais para prosperar economicamente em sua vida". O livro foi muito bem vendido no mercado indiano ao preço de 0,20 euros (21,24 rupias).

Na Amazon, é impossível entrar no mercado indiano com um preço de 0,99 euros, porque em rupias é muito alto.

O lucro para cada livro é pequeno: 9,36 rupias (0,10 euros), mas como há muito volume de vendas compensa, e é sempre melhor que zero.

Precios vigentes

Los precios mostrados no reflejan los precios promocionales introducidos en la pestaña Promociones. Más información

PAÍS	PRECIO SEGÚN CATÁLOGO	PRECIO BASE	TUS INGRESOS	FECHA DE ENTRADA EN VIGOR
Canadá	CAD 0,37	EUR 0,25	CAD 0,26 (70 %)	Todas las fechas
Chequia	CZK 6,98	EUR 0,25	CZK 4,44 (70 %)	Todas las fechas
Chile	CLP 254,00	EUR 0,25	CLP 149,00 (70 %)	Todas las fechas
Colombia	COP 1.300,00	EUR 0,25	COP 764,00 (70 %)	Todas las fechas
Corea del Sur	KRW 331,00	EUR 0,25	KRW 172,00 (52 %)	Todas las fechas

Este mesmo livro, em espanhol, começou a vender bem no Chile. Neste caso, estamos no mesmo caso que o anterior. Ao abrir mão de parte dos royalties tenho acesso a mercados onde o preço é muito importante, pois as conversões das plataformas de euros para as moedas desses países tornam o preço dos livros muito alto para os leitores.

Dados estes resultados, eu preferiria vender 50 livros eletrônicos no mercado indiano, que por sua vez geram tráfego e visibilidade para meu livro (há 83 resenhas na imagem), do que não vender nenhum, porque o preço é tão alto que está além do poder aquisitivo da maioria dos leitores nestes países.

A SÉRIE LITERÁRIA

Se você vai usar meu método de escrita, recomendo vivamente que comece uma ou mais séries.

As séries vendem muito bem em plataformas (É muito importante que, quando você publica um livro, você indique que é uma série. A maioria tem seções para administrá-las) e servem para formar uma identidade de marca para o autor. Algumas séries notáveis são Crepúsculo, Jogos Vorazes, ou Cinquenta Tons de Cinza.

Comecei a falar de séries nesta seção porque elas estão intimamente relacionadas à gestão de preços.

Esta é minha página para a série El Quinto Origen no Amazon.com.

Note que a Amazon está oferecendo a série inteira por US$ 6,40, então cada livro custa apenas US$ 1,06.

Não é um preço muito atraente para 6 livros de 200 páginas cada, totalizando mais de 1200 páginas?

Imagine se cada livro custasse $3,99. A série custaria $23,94, um preço aceitável se você for Stephenie Meyer, a autora da saga Crepúsculo, mas não por um autor desconhecido.

Os leitores que iniciam uma série sempre terão a intenção de completá-la, e os baixos custos os incentivarão a ler a primeira para ver se vale a pena continuar. Se assim for, saber que os preços são realistas ajudará muito.

Há a possibilidade de baixar o preço do primeiro volume de uma série para 0 euros.

EU NÃO RECOMENDO COLOCAR NENHUM LIVRO GRATUITAMENTE.

Por que não? Porque não faz nenhum bem.

Eu vi isso em minha própria experiência. Se você deixar o primeiro livro de uma série gratuitamente, você receberá o volume de download para os dois primeiros dias, mas depois nada. E você não receberá resenhas, nem conseguirá que os leitores continuem lendo os próximos livros pelo preço normal, com poucas exceções.

É MELHOR ESTABELECER UM PREÇO REALISTA DO QUE UM PREÇO LIVRE

Um preço de acordo com seu status como escritor é o mais útil para que uma série seja bem sucedida. Além disso, o sistema é totalmente escalável, de modo que você pode modificar os preços para cima à medida que as vendas aumentam. Na verdade, modificar um preço é a operação mais fácil no painel autor@ das plataformas, e geralmente é refletido imediatamente na Internet.

ALÉM DISSO, NÃO HÁ CUSTOS DE PRODUÇÃO EM NOSSA EMPRESA.

Sobre o tema dos preços realistas, muitos autores às vezes esquecem que, a partir do momento em que publicam seu livro, não há custos de administração para essa obra. As plataformas, com exceção de algumas plataformas de pagamento descritas em outros mandamentos, não cobram nada porque seus livros estão hospedados em seus servidores e à venda para o público.

NÃO CUSTA NADA TER UM LIVRO PARA VENDA.

E se você não tem que pagar nada para tê-lo à venda, por que você quer fixar o preço muito alto? Você não tem que pagar nenhum aluguel, nenhum custo de produção para amortizar, nenhuma taxa de hipoteca bancária.

É verdade que há sempre um custo de oportunidade, o que significa que o tempo que você gastou escrevendo aquele trabalho poderia ter sido gasto em algo mais que poderia ter lhe trazido um benefício maior.

Mas partimos do pressuposto de que procuraremos lacunas em nossas tarefas diárias para escrever, nunca deixaremos um emprego remunerado quando começamos nossa vida literária. A pressão seria muito alta, porque os resultados raramente serão imediatos, mas a longo prazo.

DESENHOS? HÁ SEMPRE ALGUNS.

A maior desvantagem da gestão realista de preços (geralmente baixa quando você inicia sua carreira literária) é que, ao comprar um produto barato, os leitores terão menos incentivo para escrever uma crítica, boa ou ruim, sobre seu livro. Se alguém pagou 3,99€, estará mais disposto a escrever uma resenha do que se isso lhes custasse apenas 0,99€. E as revisões são tão importantes quanto as vendas.

Mas teremos que aceitar este inconveniente. Para compensar a falta de resenhas, já expliquei que existem certas formas, utilizando a família e amigos ou dando cartões-presente e solicitando diretamente resenhas em troca, para que seu livro tenha uma quantidade aceitável de resenhas (mínimo 10).

De qualquer forma, se você conseguir um volume de vendas adequado, as revisões virão eventualmente, sem dúvida.

11º MANDAMENTO - NÃO PERCA SEU TEMPO PARTICIPANDO DE PRÊMIOS LITERÁRIOS.

Digo isto a partir de minha própria experiência. Participar de um prêmio literário é a melhor maneira de se desencorajar ao iniciar sua carreira literária, por várias razões:

1-Longo tempo de espera até que seja tornado público quem é o vencedor.

2-Requisito de que o trabalho seja inédito e não seja submetido a nenhum outro concurso.

3-Muitas poucas possibilidades de receber um prêmio.

4-Nenhum tipo de comunicação da organização do concurso. "Os destinatários de obras não vencedoras não serão contatados". "Manuscritos não premiados serão destruídos".

Normalmente o escritor que está começando sonha em ganhar um prêmio por causa do reconhecimento que isso implica, mas também, muito freqüentemente, se apresentam para receber prêmios com primeiras obras, escritas sem experiência suficiente no mundo literário e sem nada publicado.

Muito provavelmente, o reconhecimento nunca virá, apenas o silêncio e as fotografias e artigos na imprensa serão para outra pessoa que não você.

Isto não quer dizer que nenhum autor deva jamais concorrer a um prêmio literário.

MAS VOCÊ NUNCA DEVE ENTRAR EM UM PRÊMIO LITERÁRIO COM A EXPECTATIVA DE GANHÁ-LO.

Se você já publicou várias obras, se já mergulhou no mundo da auto-publicação e tem material suficiente para que uma de suas obras possa ficar fora de circulação por seis meses, não há problema.

SE VOCÊ ESTÁ SE CANDIDATANDO A PRÊMIOS COM MATERIAL EXTRA, MAS CONTINUA A PUBLICAR OUTROS TRABALHOS, VÁ EM FRENTE.

Mas se você só recentemente começou a escrever, não o faça, porque o que você considera um atalho no caminho para o sucesso pode se transformar em um alçapão que o leva ao túnel do desânimo.

Participar de concursos sem maturidade suficiente é o mesmo que enviar manuscritos a editores. A rejeição silenciosa é muitas vezes pior do que um insulto de ódio a uma rede social. Ela o destrói emocionalmente, e não podemos permitir isto.

O ÚNICO CONCURSO EM QUE VOCÊ DEVE PARTICIPAR É AQUELE REALIZADO PELA PLATAFORMA ONDE VOCÊ NORMALMENTE PUBLICA.

Eu recomendo esse concurso. Por exemplo, o Prêmio Literário da Amazon, que é realizado anualmente, e ao qual são elegíveis obras inéditas anteriormente. Perfeito para você, porque enquanto o concurso estiver realizando seu trabalho está à venda na plataforma.

Assim, você não perde seu tempo e, se não ganhar, continuará como antes.

Portanto, se você submeter uma obra a um concurso literário, procure uma que não o obrigue a imobilizar seu trabalho por meses e à qual você não dedique muito esforço. Basta tornar a participação no prêmio uma continuação de sua carreira literária.

12º MANDAMENTO - A LITERATURA É UMA CORRIDA DE LONGA DISTÂNCIA. NÃO PROCURE POR RESULTADOS IMEDIATOS. TRABALHAR SEM PARAR. VOCÊ ENCONTRARÁ SEU OBJETIVO UM BELO DIA, QUANDO VOCÊ ACORDAR.

Na psicologia esportiva, os objetivos parciais são freqüentemente usados para preparar uma maratona.

Os objetivos parciais são pequenos objetivos que planejamos com antecedência e vamos ter durante a corrida, como por exemplo o tempo por quilômetro. Isto o ajudará a manter sua mente ocupada, não apenas fisicamente.

EM NOSSA CARREIRA LITERÁRIA, CADA OBJETIVO PARCIAL SERÁ A PUBLICAÇÃO DE UM NOVO LIVRO.

A publicação é muito fácil. Já publiquei cerca de 100 livros entre originais, traduções e compilações e não demoro mais de meia hora para publicar uma obra em 6 plataformas literárias.

Portanto, ver seu novo livro publicado e disponível para leitores de todo o mundo vai fazer você sentir uma alegria intensa... mas a maratona continua e o próximo objetivo parcial está a alguns quilômetros de distância.

É hora de colocar o que você conseguiu até agora para trás e pensar no próximo objetivo com toda sua atenção.

Muitas vezes, os escritores esquecem os objetivos parciais e ficam parados, contemplando a primeira conquista como se já tivessem alcançado a linha de chegada, quando ainda têm muito mais a percorrer.

NÃO COMECE A PROMOVER SEU TRABALHO ATÉ QUE VOCÊ TENHA PUBLICADO PELO MENOS 3-5 LIVROS OU MAIS.

É uma simples questão de probabilidade. Se, após publicar seu primeiro livro, você passa um ou dois meses promovendo-o em redes sociais, sendo admitido em apresentações, preparando entrevistas, etc., você está perdendo tempo precioso no qual você pode aproveitar o empurrão para alcançar o próximo objetivo, um novo livro, e alcançar o objetivo.

NÃO PARE EM SEUS PRIMEIROS TRABALHOS. DEIXÁ-LOS PARA TRÁS. CONTINUAR TRABALHANDO, CORRENDO EM DIREÇÃO AO OBJETIVO.

Isto também pode se aplicar à venda de seus livros.

ESQUEÇA AS VENDAS EM SUAS PRIMEIRAS PUBLICAÇÕES.

Isso não significa que você não olhe para suas estatísticas. Devo confessar que verifico minhas vendas várias vezes ao dia, mesmo compulsivamente. Mas você tem que alcançar um estado de espírito neutro.

Pela manhã, o que tenho feito durante anos quando verifico minhas estatísticas é pensar "não devo ter vendido um único livro". Este pensamento me concede um estado de serenidade no qual, se isto for verdade, minhas emoções não são afetadas, mas se não, a alegria cresce exponencialmente. E há alegria, sim, e muita.

O TEMPO ESTÁ CORRENDO A SEU FAVOR. NÃO DEIXE DE TRABALHAR. INUNDAM O MERCADO.

VOCÊ TERÁ SUCESSO!

www.ingramcontent.com/pod-product-compliance
Lightning Source LLC
Chambersburg PA
CBHW071925120726
48001CB00005B/1877